BEI GRIN MACHT SICH IHR WISSEN BEZAHLT

- Wir veröffentlichen Ihre Hausarbeit,
  Bachelor- und Masterarbeit

- Ihr eigenes eBook und Buch -
  weltweit in allen wichtigen Shops

- Verdienen Sie an jedem Verkauf

Jetzt bei www.GRIN.com hochladen
und kostenlos publizieren

Christoph Rabl

Chancengleichheit beim Hochschulzugang - Realität oder Wunschdenken?

GRIN Verlag

Bibliografische Information der Deutschen Nationalbibliothek:

Die Deutsche Bibliothek verzeichnet diese Publikation in der Deutschen National-
bibliografie; detaillierte bibliografische Daten sind im Internet über http://dnb.d-
nb.de/ abrufbar.

Impressum:

Copyright © 2012 GRIN Verlag, Open Publishing GmbH
Druck und Bindung: Books on Demand GmbH, Norderstedt Germany
ISBN: 978-3-656-11408-6

Dieses Buch bei GRIN:

http://www.grin.com/de/e-book/188001/chancengleichheit-beim-hochschulzugang-
realitaet-oder-wunschdenken

GRIN - Your knowledge has value

Chancengleichheit beim Hochschulzugang: Realität oder Wunschdenken?

Wissenschaftliches Paper

Christoph Rabl, 2012

Inhaltsverzeichnis

Abkürzungsverzeichnis

&	und
et al.	und andere
Hrsg.	Herausgeber
S.	Seite

1. Einleitung

‚Schuster, bleib' bei Deinen Leisten!' – Diesen umstrittenen Ratschlag, den man öfters bei Gesprächen in Zusammenhang mit Schul- und Karriereplanung hört, symbolisiert die Problematik der Chancengleichheit beim Hochschulzugang, die im Folgenden behandelt werden soll. Dabei kommt es immer wieder zu einem Zielkonflikt, denn auf der einen Seite klagt die Industrie über einen zunehmenden Fachkräftemangel (Isserstedt, Middendorff, Kandulla, Borchert & Leszczensky, 2010, S. 5), auf der anderen Seite stöhnen die Hochschulen, dass sie überfüllt sind und nicht mehr Studierende aufnehmen können (Pechar, 2005, S. 10; Sagmeister, 2005, S. 44). In einer Gesellschaft, die aufgrund des Megatrends der Globalisierung geprägt ist von Arbeitsanforderungen, die eine immer höhere Qualifizierung voraussetzen, ist es unumgänglich, auch sukzessive das Bildungsniveau zu erhöhen (Schmidt, 2002, S. 3/4; Autorengruppe Bildungsberichterstattung, 2010, S. 197; Wolter, 2011, S. 12/13). Daher ist es notwendig, möglichst vielen jungen Frauen und Männern einen Zugang zur Hochschulausbildung zu ermöglichen (International Bank for Reconstruction and Development & World Bank, 2006, S. 161; Voßkamp, Nehlsen & Dohmen, 2007, S. 40-43; Statistische Ämter des Bundes und der Länder, 2011, S. 88-93). Im Folgenden soll zunächst aufgezeigt werden, welche Unterschiede es derzeit beim Hochschulzugang abhängig von der sozialen Herkunft gibt, um daran anschließend auf der Basis des Modells zur Wahl von Bildungswegen von Boudon (1974) zu erklären, wie sozial bedingte Ängste und Unsicherheiten die Aufnahme eines Studiums verhindern. In einem zusammenfassenden Fazit soll dargestellt werden, was die am Bildungsprozess Beteiligten tun können, um die Chancengleichheit beim Hochschulzugang weiter zu verbessern.

2. Beschreibung des Status Quo beim Hochschulzugang

Im Jahr 2006 nahmen von den Studienberechtigten, bei denen kein Elternteil einen Hochschulabschluss erworben hat, nur 66 Prozent ein Studium auf, wohingegen 86 Prozent der Akademikerkinder sich für ein Studium entschieden (Spangenberg, Beuße & Heine, 2011, S. 36). Von 43 Prozent aller Studienanfänger an den Universitäten im Wintersemester 2009/2010 hatte kein Elternteil ein Universitäts- oder Fachhochschulstudium abgeschlossen (Willich, Buck, Heine & Sommer, 2011, S.12), wohingegen dieser Anteil an Studienanfängern an den Fachhochschulen bei 58 Prozent lag (Willich et al., 2011, S. 12/13). Eine Selektion findet bereits während der Schullaufbahn statt, denn nur 45 Prozent der Kinder aus Nicht-Akademiker-Familien erreichen die Sekundarstufe II (Isserstedt et al., 2010, S. 83/104). Von diesen wiederum beginnen nur 53 Prozent ein Studium (Isserstedt et al., 2010, S. 104). Somit besteht keine uneingeschränkte Chancengleichheit, da die Bildungsbeteiligung auch vom sozioökonomischen Status abhängt.

3. Modell zur Wahl von Bildungswegen nach Boudon (1974)

Die Ursachen für die oben aufgezeigten sozialen Disparitäten der Bildungsbeteiligung sollen im Folgenden exemplarisch anhand des theoretischen Modells von Raymond Boudon (1974) dargestellt werden. Nach dem Modell von Boudon ist „Bildungsungleichheit das Ergebnis individueller Bildungsentscheidungen" (Maaz, 2006, S. 51), bei dem schulische Leistungen, Selektionsmechanismen des Bildungssystems und familiäres Entscheidungsverhalten zusammenwirken (Schimpl-Neimanns, 2000, S. 639/640; Maaz, 2006, S. 51; Watermann, Maaz & Szczesny, 2009, S. 97). Zur Erklärung dieser Bildungsungleichheit differenziert Boudon zwischen primären und sekundären Effekten der sozialen Herkunft (Boudon, 1974, S. 29). Primäre Herkunftseffekte zeigen sich dabei „im sozioökonomischen Status der Familien und in nichtmonetären Ressourcen, wie zum Beispiel dem sozialen oder kulturellen Kapital, die sich in den schulischen Leistungen der Kinder niederschlagen" (Maaz, 2006, S. 52) und zu Unterschieden im erworbenen Kompetenzniveau führen (Watermann, Maaz & Szczesny, 2009, S. 97). Primäre Effekte sind demnach „alle sozialen Faktoren (...), die dazu beitragen, dass Kinder mit verschiedenen (sozialen) Voraussetzungen die Anforderungen der jeweiligen Stufen des Bildungssystems unterschiedlich gut erfüllen" (Schmitt, 2010, S. 71). Im Gegensatz dazu haben sekundäre Herkunftseffekte direkten Einfluss auf die Bildungsentscheidung (Watermann, Maaz & Szczesny, 2009, S. 97) und stellen „soziale Disparitäten dar, die aus dem Entscheidungsverhalten der unterschiedlichen Schichten, auch bei gleichen Kompetenzen, resultieren" (Maaz, 2006, S. 52). In das Entscheidungskalkül werden dabei vor dem Hintergrund der eigenen sozialen Stellung sowohl die Kosten der Bildung als auch die zu erwartenden Bildungsrenditen mit einbezogen (Maaz, 2006, S. 52; Watermann, Maaz & Szczesny, 2009, S. 97).

4. Ursachen der sozialen Disparitäten beim Hochschulzugang

Erste Benachteiligungen beginnen schon in der Schule, wenn Schüler aus ärmeren Familien bei gleichen Leistungen schlechtere Noten erhalten (Maaz, Baeriswyl & Trautwein, 2011, S. 4/5) und ihnen eine Gymnasiallaufbahn weniger zugetraut wird als Kindern aus Akademiker-Familien (Müller-Benedict, 2007, S. 618).

Eine mögliche Ursache dafür, dass Schüler aus einem nicht-akademischem Elternhaus seltener an die Hochschule wechseln, ist Unsicherheit (Meyer-Dohm, 1996, S. 82/83; Spangenberg, Beuße & Heine, 2011, S. 45). 15 Prozent der Studienanfänger fühlen sich zu wenig über Studium und Hochschule vor Studienbeginn informiert (Willich et al., 2011, S. 102/103). Eltern versuchen dies zu kompensieren, in dem sie ihrem Kind aus ihrem eigenen Erfahrungshorizont heraus Ratschläge geben (Diefenbach, 2000, S. 182; Bourdieu & Passeron, 2007, S. 100/101; Willich et al., 2011, S. 111/112). Eltern ohne akademische Erfahrung können hier nur schwer als Vorbilder und Ansprechpartner dienen, um Informationsdefiziten der Kinder zu begegnen und deren Leistungsfähigkeit und Erfolgschancen einzuschätzen (Watermann & Baumert, 2006, S. 78; Bornkessel & Kuhnen, 2011, S. 82). Auch das erweiterte soziale Umfeld der Jugendlichen beeinflusst den Bildungsweg, denn oft wird geistige Arbeit nicht als gleichwertig mit handwerklicher Arbeit anerkannt (Urbatsch, 2011, S. 178/179), was dazu führt, dass sich Studierende in diesem Umfeld rechtfertigen müssen (Schmitt, 2010, S. 72).

Auch die finanzielle Ausstattung spielt eine wichtige Rolle, denn Abiturienten, deren Eltern nicht studiert haben, erhalten weniger finanzielle Unterstützung durch die Familie (Autorengruppe Bildungsberichterstattung, 2010, S. 120; Heine & Quast, 2011, S. 7/20; Spangenberg, Beuße & Heine, 2011, S. 43/44). Zwar wird versucht, diese Hürde mit Bafög, Studienkrediten oder Stipendien zu überwinden (Lassnigg, Unger, Vogtenhuber & Erkinger, 2006, S. 75/76), aber diese Förderungen kommen in der Praxis oft erst verspätet beim Empfänger an (Urbatsch, 2011, S. 131/132).

Nicht selten wird auch eine berufliche Ausbildung als Weg zu einem sicheren Arbeitsplatz gegenüber einem Studium präferiert (Heine & Quast, 2011, S. 35). Dabei wird übersehen, dass die Beschäftigungsquoten mit zunehmendem Bildungsstand ansteigen (Statistische Ämter des Bundes und der Länder, 2011, S. 49), die Arbeitslosigkeit von Akademikern bei niedrigen drei Prozent liegt (Statistische Ämter des Bundes und der Länder, 2011, S. 53) und Hochschulabsolventen im Schnitt wesentlich mehr verdienen als Menschen mit einer Berufsausbildung (Heine & Quast, 2011, S. 34/35).

5. Fazit und Ausblick

Viele Jugendliche aus Familien mit nicht akademischem Hintergrund lassen sich durch den fehlenden akademischen Habitus und durch die Unkenntnis des neuen Milieus in ihrer Karriere hemmen. Die Entscheidung für ein Studium wird oftmals begleitet vom Gefühl, nicht dazuzugehören und von der Angst, Dinge falsch zu machen und die Wertvorstellungen des Elternhauses zu übergehen.

Daher sollten den Jugendlichen frühzeitig kompetente Studienberater und Lehrkräfte zur Seite gestellt werden, um sie zu ermutigen, neue Wege zu beschreiten und die ‚Schuster, bleib' bei Deinen Leisten!'-Mentalität abzulegen (Lewin & Lischka, 2004, S. 33/34; Watermann, Maaz & Szczesny, 2009, S. 100; Wolter, 2011, S. 14). Auch die Hochschulen sollten gerade in den ersten Semestern intensive Unterstützung anbieten, um Hürden beim Zurechtfinden abzubauen. Nicht zuletzt muss auch die Politik ein klares Signal senden, dass alle Abiturienten unabhängig von ihrer sozialen Herkunft an den Hochschulen willkommen sind. Ein breiteres Angebot von Stipendien (Siebert, 2011, S. 30), ein verbessertes Bafög sowie die kritische Reflexion der Studiengebühren könnten dazu beitragen (Wolter, 2011, S. 14), die Chancengleichheit beim Hochschulzugang immer mehr Realität werden zu lassen.

Literaturverzeichnis

Autorengruppe Bildungsberichterstattung (Hrsg.) (2010). Bildung in Deutschland 2010. *Ein indikatorengestützter Bericht mit einer Analyse zu Perspektiven des Bildungswesens im demografischen Wandel.* Bielefeld: Bertelsmann. Gefunden am 03.12.2011 unter http://www.bildungsbericht.de/daten2010/bb_2010.pdf

Boudon, R. (1974). *Education, opportunity and social inequality. Changing prospects in Western society.* New York: Wiley.

Bourdieu, P. & Passeron J. (2007). *Die Erben. Studenten, Bildung und Kultur.* Konstanz: UVK.

Bornkessel, P. & Kuhnen, S. U (2011). Zum Einfluss der sozialen Herkunft auf Schulleistung, Studienzuversicht und Studienintention am Ende der Sekundarstufe II. In P. Bornkessel & J. Asdonk (Hrsg.), *Der Übergang Schule – Hochschule. Zur Bedeutung sozialer, persönlicher und institutioneller Faktoren am Ende der Sekundarstufe II* (S. 47-104). Wiesbaden: VS Verlag für Sozialwissenschaften.

Diefenbach, H. (2000). Stichwort: Familienstruktur und Bildung. *Zeitschrift für Erziehungswissenschaft, 3* (2), 169-187.

Heine, C. & Quast, H. (2011). *Studienentscheidung im Kontext der Studienfinanzierung.* Hannover: HIS-Hochschul-Informations-System GmbH. Gefunden am 03.12.2011 unter http://www.his.de/pdf/pub_fh/fh-201105.pdf

International Bank for Reconstruction and Development & World Bank (Hrsg.) (2006). *Weltentwicklungsbericht 2006. Chancengerechtigkeit und Entwicklung.* Düsseldorf: Droste.

Isserstedt, W., Middendorff, E., Kandulla, M., Borchert, L. & Leszczensky, M. (2010). *Die wirtschaftliche und soziale Lage der Studierenden in der Bundesrepublik Deutschland 2009. 19. Sozialerhebung des Deutschen Studentenwerks durchgeführt durch HIS Hochschul-Informations-System.* Berlin: Bundesministerium für Bildung und Forschung. Gefunden am 03.12.2011 unter http://www.sozialerhebung.de/pdfs/Soz19_Haupt_Internet_A5.pdf

Lassnigg, L., Unger, M., Vogtenhuber, S. & Erkinger, M. (2006). *Soziale Aspekte des Hochschulzugangs und Durchlässigkeit des Bildungssystems. Projektbericht.* Wien: Institut für Höhere Studien (IHS).

Lewin, D. & Lischka, I. (2004). Passfähigkeit beim Hochschulzugang als Voraussetzung für Qualität und Effizienz von Hochschulbildung. *Arbeitsberichte HoF Wittenberg, 2004* (6), 1-108.

Maaz, K. (2006). *Soziale Herkunft und Hochschulzugang. Effekte institutioneller Öffnung im Bildungssystem.* Wiesbaden: VS Verlag für Sozialwissenschaften.

Maaz, K., Baeriswyl, F. & Trautwein, U. (2011). Herkunft zensiert? Leistungsdiagnostik und soziale Ungleichheiten in der Schule. Eine Studie im Auftrag der Vodafone Stiftung Deutschland. In Vodafone Stiftung Deutschland gemeinnützige GmbH (Hrsg.), *Herkunft zensiert? Leistungsdiagnostik und soziale Ungleichheiten in der Schule. Eine Studie im Auftrag der Vodafone Stiftung Deutschland* (S. 1-116). Düsseldorf. Gefunden am 03.12.2011 unter http://www.vodafone-stiftung.de/scripts/getdata.php?DOWNLOAD=YES&id=16204

Meyer-Dohm, P. (1996). Status quo und gesellschaftliche Bedeutung des Hochschulzugangs. In H. J. Meyer & D. Müller-Böling (Hrsg.), *Hochschulzugang in Deutschland. Status quo und Perspektiven* (S. 75-84). Gütersloh: Verlag Bertelsmann Stiftung.

Müller-Benedict, V. (2007). Wodurch kann die soziale Ungleichheit des Schulerfolgs am stärksten verringert werden? *Kölner Zeitschrift für Soziologie und Sozialpsychologie, 59* (4), 615-639.

Pechar, H. (2005). Der österreichische Hochschulzugang nach dem EuGH-Urteil. *Zeitschrift für Hochschuldidaktik, 6,* 5-18.

Sagmeister, G. (2005). Hochschulzugang mit Beschränkung. *Zeitschrift für Hochschuldidaktik, 6,* 42-52.

Schimpl-Neimanns, B. (2000). Soziale Herkunft und Bildungsbeteiligung. Empirische Analysen zu herkunftsspezifischen Bildungsungleichheiten zwischen 1950 und 1989. *Kölner Zeitschrift für Soziologie und Sozialpsychologie, 52* (4), 636-669.

Schmidt, M. G. (2002). Warum Mittelmaß? Deutschlands Bildungsausgaben im internationalen Vergleich. *Politische Vierteljahresschrift, 43* (1), 3-19.

Schmitt, L. (2010). *Bestellt und nicht abgeholt. Soziale Ungleichheit und Habitus-Struktur-Konflikte im Studium.* Wiesbaden: VS Verlag für Sozialwissenschaften.

Siebert, U. (2011). Leistung versus Chancengerechtigkeit? Soziale Öffnung der Begabtenförderung. In Heinrich-Böll-Stiftung (Hrsg.), *Öffnung der Hochschule: Chancengerechtigkeit, Diversität, Integration. Dossier* (S. 27-30). Berlin: Heinrich-Böll-Stiftung. Gefunden am 03.12.2011 unter http://www.migration-boell.de/pics/Dossier_Oeffnung_der_Hochschule.pdf

Spangenberg, H., Beuße, M. & Heine, C. (2001). *Nachschulische Werdegänge des Studienberechtigtenjahrgangs 2006. Dritte Befragung der studienberechtigten Schulabgänger/innen 2006 3½ Jahre nach Schulabschluss im Zeitvergleich.* Hannover: HIS-Hochschul-Informations-System GmbH. Gefunden am 03.12.2011 unter http://www.his.de/pdf/pub_fh/fh-201118.pdf

Statistische Ämter des Bundes und der Länder (2011). *Internationale Bildungsindikatoren im Ländervergleich.* Wiesbaden: Statistisches Bundesamt. Gefunden am 03.12.2011 unter http://www.destatis.de/jetspeed/portal/cms/Sites/destatis/

Internet/DE/Content/Publikationen/Fachveroeffentlichungen/BildungForschung Kultur/Internationales/Bildungsindikatoren1023017117004,property=file.pdf

Urbatsch, K. (2011). *Ausgebremst. Warum das Recht auf Bildung nicht für alle gilt.* München: Heyne.

Voßkamp, R., Nehlsen, H. & Dohmen, D. (2007). Höherqualifizierungs- und Bildungsstrategien anderer Länder. *Studien zum deutschen Innovationssystem, 4,* 1-160.

Watermann, R. & Baumert, J. (2006). Entwicklung eines Strukturmodells zum Zusammenhang zwischen sozialer Herkunft und fachlichen und überfachlichen Kompetenzen: Befunde national und international vergleichender Analysen. In J. Baumert, P. Stanat & R. Watermann (Hrsg.), *Herkunftsbedingte Disparitäten im Bildungswesen. Vertiefende Analysen im Rahmen von PISA 2000* (S. 61-94). Wiesbaden: VS Verlag für Sozialwissenschaften.

Watermann, R., Maaz, K. & Szczesny, M. (2009). Soziale Disparitäten, Chancengleichheit und Bildungsreformen. In S. Blömeke, T. Bohl, L. Haag, G. Lang-Wojtasik & W. Sacher (Hrsg.), *Handbuch Schule* (S. 94-102). Bad Heilbrunn: Klinkhardt.

Wolter, A. (2011). Hochschulzugang und soziale Ungleichheit in Deutschland. In Heinrich-Böll-Stiftung (Hrsg.), *Öffnung der Hochschule: Chancengerechtigkeit, Diversität, Integration. Dossier* (S. 9–15). Berlin: Heinrich-Böll-Stiftung. Gefunden am 03.12.2011 unter http://www.migration-boell.de/pics/Dossier_Oeffnung_der_Hochschule.pdf

Willich, J., Buck, D., Heine, C. & Sommer, D. (2011). *Studienanfänger im Wintersemester 2009/10. Wege zum Studium, Studien- und Hochschulwahl, Situation bei Studienbeginn.* Hannover: HIS-Hochschul-Informations-System GmbH. Gefunden am 03.12.2011 unter http://www.his.de/pdf/pub_fh/fh-201106.pdf